Trainingslehre 1: Gesundheitsorientiertes Krafttraining für einen 50-jährigen Mann

Diagnose, Zielsetzung und Prognose, Trainingsplanung Makro- und Mesozyklus, Literaturrecherche

Robin Schneider

Bibliografische Information der Deutschen Nationalbibliothek:

Die Deutsche Nationalbibliothek verzeichnet diese Publikation in der Deutschen Nationalbibliografie; detaillierte bibliografische Daten sind im Internet über http://dnb.d-nb.de abrufbar.

ISBN: 9783346791160
Dieses Buch ist auch als E-Book erhältlich.

Trainingslehre 1
Gesundheitsorientiertes Krafttraining für einen 50-jährigen Mann

(Diagnose, Zielsetzung und Prognose, Trainingsplanung Makro- und Meso-zyklus, Literaturrecherche)

Inhaltsverzeichnis

1 Diagnose

Die Diagnose ist wichtig für die optimale Trainingssteuerung. Sie beginnt mit einem Eingangsgespräch um allgemeine Daten (Alter, Geschlecht, etc.) sowie biometrische Daten (Blutdruck, BMI, etc.) zu erfassen, dass man den Leistungs- und Gesundheitszustand einordnen kann um einen Ist-Zustand zu haben.

1.1 Allgemeine und biometrische Daten

Tab. 1: Allgemeine Daten (eigene Darstellung)

Alter	50 Jahre
Geschlecht	männlich
Trainingsmotiv	Kraftsteigerung
Berufliche Tätigkeit	Versicherungskaufmann
Frühere sportliche Aktivitäten	-
Aktuelle sportliche Aktivitäten	jeden Freitag Badminton
Leistungsstufe	Beginner
Zeitlicher Verfügungsrahmen	Montag und Mittwoch sind seine Trainingstage

Tab. 2: Biometrische Daten (eigene Darstellung)

Was wurde gemessen?	Wieviel?	Normwert	Beurteilung
Körpergröße in cm	180	-	-
Körpergewicht in kg	80	-	-
BMI in kg/m^2	24,69	18,5 - 24,9	Normalgewicht
Blutdruck in mmHg	systolisch: 138 diastolisch: 87	130 – 139 85 - 89	hoch normal

Der systolische Blutdruck ist bei 138 mmHg und der diastolische bei 87 mmHg das heißt, er liegt im hoch normalen Bereich. Der hoch normale Bereich geht bei dem systolischen Wert von 130 – 139 mmHg und bei dem diastolischen Bereich von 85 – 89 das heißt, er liegt im oberen Bereich und ist somit leicht erhöht aber es besteht noch kein Bluthoch-druck (siehe Tab.4). Der Body-Maß-Index (BMI) wurde wie folgt errechnet Körperge-wicht in kg geteilt durch Körpergröße in m^2 (Wahle, 2009). Der BMI von dem Trainie-renden liegt mit 24,69 kg/m^2 noch im Bereich des Normalgewichts, aber auch hier gerade an der Grenze zum Übergewicht (siehe Tab.3). Daraus lässt sich auch der leicht erhöhte Blutdruck erschließen (Suter, 2009). Der allgemeine Gesundheitszustand des Trainieren-den ist bis auf den leicht erhöhten Blutdruck und das leicht erhöhte Gewicht gut, er hat keine orthopädischen oder internistischen Probleme, er befindet sich momentan nicht in ärztlicher Behandlung und nimmt auch keine Medikamente ein. Daraus lässt sich schluss-folgern, dass die Person voll belastbar ist.

Tab. 3: Gewichtklassifikation bei Erwachsenen anhand des BMI (WHO, 2000, S.9)

Kategorie	BMI in kg/m^2	Risiko für Begleiterkrankun-gen des Übergewichts
Untergewicht	< 18,5	niedrig
Normalgewicht	18,5 – 24,9	durchschnittlich
Übergewicht	≥ 25,0	
Präadipositas	25,0 – 29,9	gering erhöht
Adipositas Grad I	30,0 – 34,9	erhöht
Adipositas Grad II	35,0 – 39,9	hoch
Adipositas Grad III	≥ 40	sehr hoch

Tab. 4: Klassifikation der Blutdruckwerte (modifiziert nach den Richtwerten der WHO, 1999)

Kategorie	systolisch (mmHg)	diastolisch (mmHg)
Optimaler Blutdruck	< 120	< 80
Normaler Blutdruck	120 - 129	80 - 84
Hoch normaler Blutdruck	130 - 139	85 - 89
Milde Hypertonie (Stufe 1)	140 - 159	90 - 99
Mittlere Hypertonie (Stufe 2)	160 - 179	100 - 109
Schwere Hypertonie (Stufe 3)	≥ 180	≥110

1.2 Krafttestung

Da wir hier einen Anfänger im Fitnesstraining mit gutem Gesundheitszustand haben bietet es sich an, einen Mehrwiederholungstest (X-RM-Test) mit 15 Wiederholungen zu machen. Dadurch haben wir keine zu hohe Belastung auf den Trainierenden und somit auch eine geringere Verletzungs- und Demotivationsgefahr, aber können ihn trotzdem durch die objektive Sicht des Trainers an seine Grenzen bringen.

1.2.1 Testablauf

Als erstes werden die Trainingsübungen für den Trainierenden ausgewählt. In diesem Fall sind es die Übungen Lattziehen, ein Gerät für den oberen Rücken und den Rückenstrecker, Brustpresse, Schulterdrücken, Bauchmaschine und Beinpresse. Danach muss sich der Trainierende zuerst allgemein und dann speziell aufwärmen. Beim allgemeinen Aufwärmen ist es wichtig, dass Herzkreislauf System in Schwung zu bringen. Somit kann die Muskulatur schneller mit Sauerstoff und Nährstoffen versorgt werden. Es wird vermehrt Gelenkflüssigkeit in den Gelenken produziert, das wiederum gut für die Gelenke ist und das Verletzungsrisiko senkt. Es wird empfohlen, eine Aufwärmübung wie zum Beispiel Fahrrad fahren, Laufen, Crosstrainer, etc. zu machen, da bei diesen Übungen ein dynamischer Einsatz der großen Muskelgruppen besteht (mehr als 1/6 der Gesamtmuskelmasse). In unserem Fall nehmen wir die Übung Laufen auf dem Laufband mit 7 km/h bei keiner Steigung für 10 Minuten. Als nächstes wärmt sich der Trainierende speziell vor jeder Übung mit 50% seines Arbeitsgewichts auf mit 5-10 Wiederholungen in 1-2 Sätzen (Wahle, 2009). Hier geht es vor allem darum, die lokalen Muskelgruppen und Gelenkstrukturen vor der folgenden Belastung zu aktivieren und stimulieren, sie werden flexibler und Bewegungsabläufe könne koordiniert und fließend durch geführt werden (Mildenberger-Schneider, 2000). Nach dem allgemeinen und speziellen Aufwärmen wird mit der Krafttestung begonnen. Als erstes wird die Wiederholungszahl auf 15 festgelegt, da diese Wiederholungsanzahl auch im ersten Mesozyklus verwendet wird. Bei der Krafttestung ist es das Ziel, das maximale Gewicht zu finden, das mit 15 Wiederholungen gerade noch so möglich ist. Bei jeder Wiederholung wird mit einem Time under Tension Muster von 2-0-2 trainiert, das bedeutet die Wiederholung wird zwei Sekunden konzentrisch und zwei Sekunden exzentrisch mit keiner statisch haltenden Position durchgeführt. Das Gewicht des Trainierenden wird durch die subjektive Einschätzung des Trainers bei jeder Übung ausgewählt.

Tab. 5: Ergebnisse des 15-RM Krafttests (eigene Darstellung)

Übung	Krafttestung Satz 1 in kg	Krafttestung Satz 2 in kg	Krafttestung Satz 3 in kg	maximales Gewicht in kg
Lattziehen (am Gerät sitzend)	15	20	25	25
Oberer Rücken (am Gerät sitzend)	10	15	-	15
Rückenstrecker (am Gerät sitzend)	10	15	20	20
Brustpresse (sitzend)	10	12,5	15	15
Schulterdrücken (am Gerät sitzend)	7,5	-	-	7,5
Bauchmaschine (sitzend)	10	15	-	15
Beinpresse (horizontal sitzend)	50	55	60	60

1.2.2 Schlussfolgerung der Testergebnisse

Die Testergebnisse können zur weiteren Trainingssteuerung und Trainingsplanung herangezogen werden. Die Testergebnisse dienen zur Orientierung der Trainingsintensität der verschiedenen Übungen und somit lassen sich auch die Trainingsgewichte des ersten Mesozyklus berechnen. Durch die jetzigen Testergebnisse lässt sich ein Vergleich mit einer Krafttestung zu einem späteren Zeitpunkt ziehen. Somit kann man feststellen, wie sich die Ergebnisse des Trainierenden bis zu diesem Zeitpunkt verändert haben. Durch diesen Vergleich kann der Trainierende motiviert werden. Anhand dieser Ergebnisse kann man dann wieder die nächste Trainingssteuerung und Trainingsplanung durchführen.

2 Zielsetzung und Prognose

Tab. 6: Hauptziele des Trainierenden (eigene Darstellung)

Inhalt	Ausmaß	Zeit
Verbesserung des BMI in kg/m²	BMI von 24,69 auf 21,7	6 Monate
Senkung des Blutdrucks	systolisch 138 auf 125 diastolisch 87 auf 82	3 Monaten
Kraftsteigerung vor allem im Oberkörper	Um 20% bei jeder Übung	2 Monate

2.1 Begründung der Ziele

Die Verbesserung des BMI wird aus dem Grund als Ziel aufgestellt da der Trainierende hier gerade an der Grenze zum Übergewicht ist (siehe Tab.3). Dies würde ein höheres Risiko an Folgeerkrankungen bedeuten, wie Diabetes Melitus Typ 2, Herzinfarkt aber auch orthopädische Krankheitsbilder (Kasper & Schlenk, 2003). Zusätzlich können soziale und berufliche Probleme dazu führen, dass man unter psychischen Störungen oder Depressionen leidet. Deshalb wird hier geraten auf einen BMI von 21,7 in 6 Monaten runterzugehen, der genau in der Mitte des Normalgewichts liegt. Das zweite Ziel ist es, den Blutdruck zu senken, da dieser hoch normal und an der Grenze zur Hypertonie 1 ist. Ein hoher Blutdruck ist eine Hauptursache von kardiovaskulären Erkrankungen (Scholze & Sharma, 2001). Deshalb wird hier empfohlen, den Blutdruck systolisch um 13 und diastolisch um 5 zu senken, damit der Trainierende hier im Bereich des normalen Blutdrucks liegt (siehe Tab.4). Ein weiteres Ziel ist es, eine Kraftsteigerung im Oberkörper um 20% bei jeder Übung zu erreichen. Das ist ein Ziel, das auf den Wunsch des Trainierenden festgelegt wurde. Die Kraftsteigerung ist vor allem gut um den Körper zu stärken, da man in einem höheren Alter oft an Muskelmasse abnimmt und dadurch ein erhöhtes Verletzungsrisiko besteht und man oft unter Rückenschmerzen leidet ist das eine gute präventive Maßnahme (Zahner, Donath, Faude, & Bopp, 2014).

3 Trainingsplanung Makrozyklus

Tab. 7: Makrozyklus nach der ILB-Methode (eigene Darstellung)

	Mesozyklus 1	Mesozyklus 2	Mesozyklus 3	Mesozyklus 4
Zyklusdauer	8 Wochen	6 Wochen	6 Wochen	4 Wochen
Spezifische Trainingsziel	Muskelaufbautraining	Muskelaufbautraining	Kraftausdauertraining	Maximalkrafttraining
Anzahl der Trainingseinheiten pro Woche	2	2	2	2
Organisationsform	Stationstraining und Ganzkörper-Training	Stationstraining und Ganzkörper-Training	Stationstraining und Ganzkörper-Training	Stationstraining und Ganzkörper-Training
Anzahl der Übungen pro Muskelgruppe	1-2	1-2	1-2	1-2
Anzahl der Sätze pro Übung	2	2	2	2
Satzpausen	30 Sekunden	30 Sekunden	60 Sekunden	90 Sekunden
Wiederholungsanzahl	15	12	20	8
Intensität	50-70% ILB	50-70% ILB	50-70% ILB	50-70% ILB
Bewegungstempo	2-0-2	2-0-2	2-0-2	3-0-1

3.1 Begründung zur Wahl der ILB-Methode

Die individuelle Leistungsbild-Methode ist ideal für Trainingsbeginner. Durch den bereits durchgeführten X-RM Krafttest ist das Trainingsgewicht perfekt angepasst. Mit der ILB-Methode startet der Trainierende hier mit 50% seines Maximaltestgewichts (siehe Tab.: 7) somit wird der Trainierende hier langsam an die Geräte herangeführt ohne gleich überlastet zu werden. Dadurch kann der Trainingsbeginner erst einmal die Trainingsausführung richtig erlernen und die Bänder, Sehnen und Gelenke stabilisieren. Der Trainierende ist im oberen Teil des normalen Gewichts und der Blutdruck ist hoch normal. Das heißt auch aus der Sicht des gesundheitlichen Zustandes bietet es sich an, langsam anzufangen und nicht mit dem Maximalgewicht, genau das macht die ILB-Methode aus (Wahle, 2009).

3.2 Begründung der Belastungsparameter

Bei dem Trainierenden wurden 2 Einheiten pro Woche gewählt, da der Trainierenden 2 Tage zu Verfügung hat, aus diesem Grund wurde auch ein Ganzkörpertraining mit ein bis zwei Übungen pro Muskelgruppe gewählt, da man mindesten 2 Reize pro Muskelgruppe setzen sollte um eine Kraftsteigerung zu erlangen (Wahle, 2009). In allen Mesozyklus führt der Trainierende 2 Sätze aus, die zwei Sätze wurden gewählt um den Trainierenden nicht zu überfordern und um ihn nicht zu demotivieren. Mit 15 Wiederholungen im ersten Mesozyklus können sich Muskeln, Bänder, Sehnen und Knochen beim einem Muskelaufbautraining an die Belastung gewöhnen, da der trainierende bisher noch keine Erfahrung mit Krafttraining hatte (Wahle, 2009). Der zweite Mesozyklus wird nur mit 12 Wiederholungen angesetzt. Hier befinden wir uns, wie auch im ersten Mesozyklus, in einem Muskelaufbautraining was den Trainierenden zum einen stärker macht, aber zum anderen auch die Gewichtsabnahme fördert. Durch die Steigerung des Grundumsatzes kommt es zu einer Zunahme der fettfreien Körpermasse, somit steigt der Grundumsatz und auch der Energieverbrauch (Rometsch, 2010). Zusätzlich motiviert es den Trainierenden mit weniger Wiederholungen und mehr Gewicht zu arbeiten. Das Kraftausdauertraining im dritten Mesozyklus verbessert die kardiovaskulären Funktionen und der Stoffwechsel wird verbessert, da das Kraftausdauertraining sehr anspruchsvoll ist wird dies erst im dritten Mesozyklus eingesetzt (Wahle, 2009). Im vierten Mesozyklus wird die Maximalkraft trainiert, hierbei kommt es vor allem zum Muskelaufbau und Kraftzuwachs. Das Maximalkrafttraining ist an letzter Stelle in unserem Makrozyklus (Wahle, 2009). Da sehr hohe Belastungen auf unserem Trainierenden lasten, sollte er davor auf jeden Fall schon Muskeln aufgebaut haben und die Ausführung der Übungen beherrschen.

Die Intensität lässt sich aus dem ILB-Grobraster (siehe Tab.8) ablesen. Da der Mann ein Trainingsbeginner ist liegt die Intensität bei ihm zwischen 50-70% des maximalen X-RM Testgewichts. Das heißt, der Trainierende startet mit einer Intensität von 50% seines X-RM Testgewicht. Diese wird dann immer wöchentlich oder alle zwei Wochen erhöht, bis die Intensität dann am Ende des Zyklus bei 70% ist. Dadurch kommt es bei seinem Trainingsplan nicht zu einer Stagnation. Somit ist das Ergebnis eine stetig steigenden Belastungsintensität und eine Leistungssteigerung (Wahle, 2009).

Tab. 8 Grobraster zur Trainingsplanung nach der ILB-Methode (BSA/DHfPG)

Leistungsstufe	Zeitstufe (Monate)	Orga.- form	Einheiten/ Woche	Übungen/ Muskel	Sätze/ Übung	Intensität in % ILB
Orientierungs- stufe	0-1,5	GK	2	1-2	1-2	gering
Beginner	1,5-6	GK	2	1-2	1-2	50-70
Geübter	6-12	GK	2-3	1-2	2	60-80
Fortge- schrittener	> 12	GK/ Split	3-4	1-3	2-3	70-90
Leistungs- trainierender	> 36	GK/ Split	3-6	1-4	2-4	80-100

GK =Ganzkörpertraining
Split =Split-Training

Bei dem Trainierenden wurden ein Stations-Training und ein Ganzkörpertraining gewählt. Da er ein Trainingsbeginner ist, eignet sich ein Stations-Training zu machen um
koordinative Anforderungen möglichst gering und so einfach wie möglich zu halten. Somit ist das Verletzungsrisiko sehr gering und der Trainierende wird nicht überfordert. Das
Ganzkörpertraining wurde aus dem Grunde gewählt, weil pro Muskelgruppe mindestens
zwei Trainingsreize gesetzt werden müssen um eine Muskelwachstum und ein Kraftsteigerung zu erreichen. Außerdem ist das zeitliche Budget bei dem Trainierenden bei zwei
Tagen die Woche und somit hat er auch 48 Stunden Regenerationszeit die ein Trainings-
anfänger braucht (Wahle, 2009).

Der Makrozyklus hat eine Länge von sechs Monaten der unterteilt ist in vier Mesozyklen.
Zu Beginn wurde ein Mesozyklus in einer Länge von acht Wochen gewählt, dadurch kann
sich der Trainierende an das Training gewöhnen und seine Muskeln, Bänder, Sehnen und
Knochen an die Belastung anpassen. Der zweite Zyklus ist auf sechs Wochen angesetzt,
es wird hier intensiver trainiert, da bereits Anpassungen stattgefunden haben. Um nicht
zulange im Bereich der Hypertrophie zu trainieren kommen wir als nächstes zu einem
Kraftausdauertraining, das der dritte Mesozyklus ist. Dieser sehr zähe und oft auch als
belastend empfunden Zyklus wird nur für sechs Wochen trainiert um den Trainierenden
nicht zu demotivieren. Der letzte Mesozyklus ist mit vier Wochen der kürzeste, da hier
ein Maximalkrafttraining geplant ist, dass eine sehr hohe Belastung auf den Trainierenden
bedeutet. Außerdem sollte es den Trainierenden nicht überfordern, trotzdem sollten Anpassungen stattfinden. Dies kann mit 4 Wochen gewährleistet werden. (Wahle, 2009)

4   Trainingsplanung Mesozyklus

Tab. 9 Allgemeine Daten des Mesozyklus 2 (eigene Darstellung)

	Mesozyklus 2
Zyklusdauer	6 Wochen
Spezifisches Trainingsziel	Muskelaufbautraining
Trainingseinheiten pro Woche	2
Organisationsform	Stationstraining und Ganzkörper-Training
Übung pro Muskelgruppe	1-2
Sätze pro Übung	2
Satzpausen	30 Sekunden
Wiederholungsanzahl	12
Intensität	50-70%
Bewegungstempo	2-0-2

Tab. 10 Trainingsplan des Mesozyklus 2 (eigene Darstellung)

Übung	Krafttest Maximales Gewicht in kg	Woche 1 50% Intensität in kg	Woche 2 50% Intensität in kg	Woche 3 60% Intensität in kg	Woche 4 60% Intensität in kg	Woche 5 70% Intensität in kg	Woche 6 70% Intensität in kg
Lattziehen (am Gerät sitzend)	25	12,5	12,5	15	15	17,5	17,5
Oberer Rücken (am Gerät sitzend)	15	7,5	7,5	9	9	10,5	10,5
Rückenstrecker (am Gerät sitzend)	20	10	10	12	12	14	14
Brustpresse (sitzend)	15	7,5	7,5	9	9	10,5	10,5
Schulterdrücken (am Gerät sitzend)	7,5	3,75	3,75	4,5	4,5	5,25	5,25
Bauchmaschine (sitzend)	15	7,5	7,5	9	9	10,5	10,5
Beinpresse (horizontal sitzend)	60	30	30	36	36	42	42

Für die Trainingsplanung wurde der Mesozyklus 2 ausgesucht, welcher ein Muskelaufbautraining ist. Für den Trainierenden wurde ein Ganzkörpertraining gewählt, das alle großen Muskelgruppen trainiert. Da der Mann ein Trainingsbeginner ist, wurden nur gerätegeführte Übungen ausgewählt. Durch die geführten Übungen sind sie nicht sehr koordinativ anspruchsvoll und somit kann sich der Trainierende besser auf die Übungsausführung konzentrieren und sie leichter erlernen. Dadurch, dass die Übungen geführt sind, ist es einfacher die Übung richtig auszuführen. Somit sinkt das Verletzungsrisiko (Weisser, Richter, & Siewers, 2006). Der Trainingsplan hat den Schwerpunkt auf dem Oberkörper, da dies der Wunsch des Trainierenden war. Es wurde auch eine Beinübung mit in den Trainingsplan genommen, denn man sollte gerade bei Trainingsbeginner den ganzen Körper trainieren um keine muskuläre Disbalancen zu bekommen.

Der Trainingsplan startet mit der Übung Lattziehen für den breiten Rückenmuskel, die Übung wurde an den Anfang des Trainingsplans gestellt um die Motivation des Trainierenden hoch zu halten und es sein Wunsch war, den Oberkörper zu trainieren. Zusätzlich wurde noch eine Übung für den oberen Anteil des Rückens und den unteren gewählt um den Rücken besonders gut zu trainieren, da der Trainierende einen Büro Job hat und viel am Schreibtisch sitzt und dies oft zu Rückenschmerzen führen kann (Zahner, Donath, Faude, & Bopp, 2014). Als nächstes wird der Synergist mit Hilfe der Brustpresse und die Schultern mit dem Schulterdrücken trainiert, um auch hier einen Kraftsteigerung zu erreichen.

Anschließend wird der Bauch an der Bauchpresse trainiert, das auch noch einmal zusätzlich die Wirbelsäule im Bereich der Lendenwirbel stabilisiert und für Rückenschmerzen, die oftmals im Alter auftreten, präventiv zu stärken (Zahner, Donath, Faude, & Bopp, 2014). Zum Abschluss werden die Beine mit der Beinpresse trainiert, hier werden die kompletten Beine beansprucht und auch der Gesäßmuskel. Weil der Trainierende hauptsächlich seinen Oberkörper trainieren will, wurde eine Übung ausgewählt, die alle unteren Extremitäten trainiert.

5   Literaturrecherche

Tab. 11: Studienvergleich zum Thema Krafttraining bei arterieller Hypertonie (eigene Darstellung)

Fragestellungen	Studie 1	Studie 2
Wer hat die Studie durchgeführt?	Trevizani, G. A., Seixas, M. B., Benchimol-Barbosa, P. R., Vianna, J. M., da Silva, L. P., & Nadal, J.	Stewart, K. J., Bacher, A. C., Turner, K. L., Fleg, J. L., Hees, P. S., & Shapiro, E. Tayback, M., Ouyang, P.
In welchem Jahr wurde die Studie publiziert?	Mai 2018	11. April 2005
Welche Forschungsfragen wurden untersucht?	Was für eine Auswirkung hat des Wieder-standstraining auf den Blutdruck?	Was ist die Auswirkung des Trainings auf den Bluthochdruck bei älteren Personen?
Mit welchen Versuchspersonen wurde die Studie durchgeführt?	Mit 21 Männer, acht davon waren unter medikamentöser Behandlung. 13 verzeichnen einen normalen Blutdruck.	112 Frauen und Männer im Alter von 55 bis 75 Jahren mit einem unbehandelten Blutdruck zwischen 130-159 mmHg systolisch und 85-99 mmHg diastolisch. Davon gab es acht Abbrüche. Es haben 104 Frauen und Männer die Studie beendet.
Wie sah der Versuchs-aufbau der Studie aus?	Es fanden 12 Sitzungen mit jeweils 8 Übungen statt. (Beinstreckung, Beinpresse, Beinbeugung, Bankdrücken, Seated Row, Trizepsdrücken, Wadenbeugen im Sitzen und Armbeugen im Sitzen). Diese wurden mit 15-20 Wiederholungen durchgeführt und einer Intensität	Es wurde 6 Monate Aerobic und Krafttraining kombiniert kontrolliert.

	von 50% bei 1-RM. Die Pausezeit betrug zwei Minuten. Die Testung erfolgte drei Mal die Woche. Herzschlagmessungen erfolgten vor und nach dem Wi derstandstraining und der Blutdruck wurde zu Beginn und am Ende jeder Sitzung nach 10-minütiger Pause gemessen.	
Welche relevanten Ergebnisse und Schlussfolgerung liefert die Studie?	In beiden war eine signifikante Abnahme des systolischen Blutdrucks nach dem Training zu verzeichnen (P=0,040). In Bezug auf die Herzfrequenzvariabilität wurde bei den behandelten Hypertonikern ein reduziertes Sympathikus-Vagus-Gleichgewicht beobachtet (Trevizani, et al., 2018).	Die 104 Teilnehmer haben in Bezug des Blutdrucks eine Durchschnittsreduktion 4,5-5,3 mmHg systolisch und 1,5-3,7 mmHg diastolisch erfahren. Zusätzlich wurde eine signifikante Steigerung der Leistung im Aerobic und der Kraft festgestellt. Dadurch kam es zu einer Erhöhung der Muskelmasse und eine verringerte allgemeine abdominale Fettleibigkeit (Stewart, et al., 2005).

6   Literaturverzeichnis

Kasper, H., & Schlenk, M. (2003). *Adipositas - Ursachen, Folgen und Behandlungswege.* München: GOVI-Verlag.

Mildenberger-Schneider, M. (2000). *Seniorenkrafttraining.* Aachen: Meyer & Meyer.

Organisation, W. H. (2000). Obesity: preventing and managing the global epidemic. S. S.9.

Rometsch, L. (2010). *Krafttraining zur Gewichtsreduktion: Prävention und Therapie von Übergewicht und Adipositas. Eine Studi mit übergewichtigen Trainingsanfängern.* Hamburg: Diplomica Verlag GmbH.

Scholze, J., & Sharma, A. (Mai 2001). Behandlung der Hypertonie bei Adipositas. *26,* S. 209-221.

Stewart, K. J., Bacher, A. C., Turner, K. L., Flag, J. L., Hees, P. S., Shapiro, E. P., . . . Ouyang, P. (11. April 2005). Effect of Exercise on Blood Pressure in Older Persons.

Suter, P. M. (2009). Körpergewicht und Hypertonie. *5,* S. 8-12.

Trevizani, G. A., Seixas, M. B., Benchimol-Barbosa, P. R., Vianna, J. M., da Silva, L. P., & Nadal, J. (Mai 2018). Effect of Resistance Training on Blood Pressure and Autonomic Responses in Treated Hypertensives.

Wahle, S. (2009). *Optimiertes Krafttraining mit der ILB-Methode.* Hamburg: Books on Demand GmbH .

Weisser, B., Richter, H., & Siewers, M. (2006). Räumen Sie mit den alten Vorurteilen auf. *MMW - Fortschritte der Medizin, 148,* S. 33-34.

Zahner, L., Donath, L., Faude, O., & Bopp, M. (2014). Krafttraining im Alter: Hintergründe, Ziele und Umsetzung. *Schweizerische Zeitschrift für Sportmedizin und Sporttraumatologie, 62*(4), S. 23-28.

7   Tabellenverzeichnis